ÉLOGE FUNÈBRE

DE

MGR LOUIS-MARIE-EDMOND

BLANQUART DE BAILLEUL

ANCIEN ÉVÊQUE DE VERSAILLES,

ANCIEN ARCHEVÊQUE DE ROUEN,

PRONONCÉ A SES OBSÈQUES, DANS LA MÉTROPOLE DE ROUEN, LE 12 JANVIER 1869,

PAR Mgr L'ÉVÊQUE DE NEVERS.

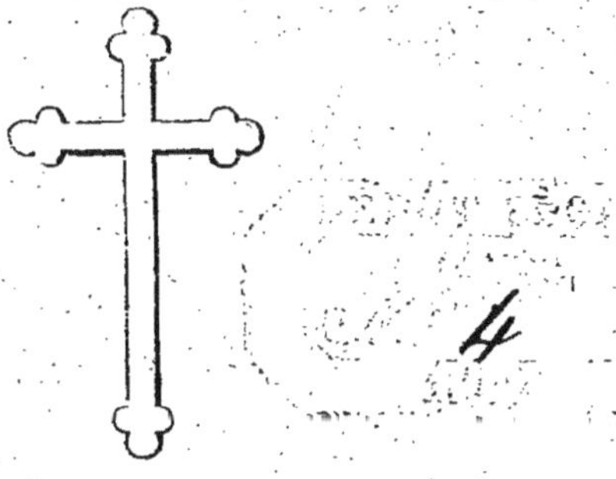

NEVERS,

PAULIN FAY, IMPRIMEUR DE L'ÉVÊCHÉ, ETC.,

Place de la Halle et rue du Rempart, 1.

1869

ÉLOGE FUNÈBRE

DE

MGR LOUIS-MARIE-EDMOND

BLANQUART DE BAILLEUL

ANCIEN ÉVÊQUE DE VERSAILLES,

ANCIEN ARCHEVÊQUE DE ROUEN,

PRONONCÉ A SES OBSÈQUES, DANS LA MÉTROPOLE DE ROUEN, LE 12 JANVIER 1869,

PAR Mgr L'ÉVÊQUE DE NEVERS.

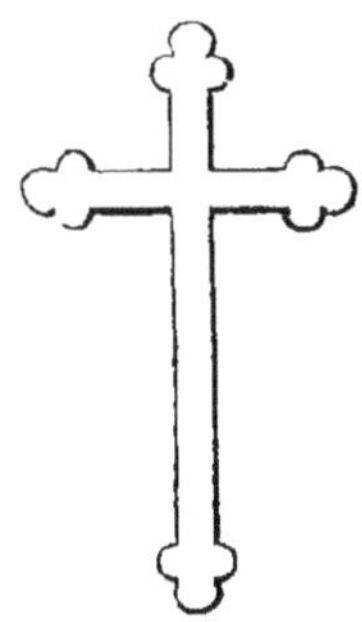

NEVERS,

PAULIN FAY, IMPRIMEUR DE L'ÉVÊCHÉ, ETC.,

Place de la Halle et rue du Rempart, 1.

—

1869

ÉLOGE FUNÈBRE

DE

MGR LOUIS-MARIE-EDMOND

BLANQUART DE BAILLEUL,

ANCIEN ÉVÊQUE DE VERSAILLES,
ANCIEN ARCHEVÊQUE DE ROUEN.

—∘∘∘◦◦◦◦—

> Erat autem hujusmodi visus : Oniam qui fuerat summus sacerdos, virum bonum et benignum, verecundum visu, modestum moribus, et eloquio decorum, et qui a puero in virtutibus exercitatus sit, manus protendentem, orare pro omni populo Judæorum.

> *Or, telle était la céleste vision : Onias, qui avait été grand-prêtre, apparaissait, les mains élevées vers le ciel, en prière pour tout le peuple des Juifs. C'était un homme bon et bienveillant, d'un aspect vénérable, d'habitudes modestes, d'un langage plein de charme, qui, dès son enfance, s'était exercé dans toutes les vertus.*

II. Mach. xv, 12.

Éminence [1],

Messeigneurs [2],

Ce délicieux portrait, tracé sous l'inspiration de l'Esprit-Saint, n'est-ce pas le portrait fidèle du vénéré et bien-aimé pontife dont nous pleurons la perte? Vous tous,

---

[1] S. Ém. Mgr le cardinal de Bonnechose, archevêque de Rouen.

[2] LL. GG. NN. SS. les évêques de Séez, de Chartres, d'Évreux, de Bayeux et de Verdun.

mes très-chers frères, qui avez eu le bonheur de l'avoir pour évêque, ne le reconnaissez-vous pas sans peine à ces traits? Et vous, qui avez eu le privilége de le voir de plus près encore, prêtres de ce grand diocèse, n'êtes-vous pas, autant que nous, frappés d'une aussi merveilleuse ressemblance?

Oui, mes frères, votre ancien archevêque était bien, par excellence et vis-à-vis de tous sans exception, l'homme bienveillant et bon : *virum bonum et benignum*; l'homme vénérable par la douce majesté de son front et l'exquise dignité de sa personne, comme par la sainteté de son caractère : *verecundum visu*; l'homme modeste dans sa vie publique et dans sa vie privée, au foyer domestique et jusque sur son trône pontifical : *modestum moribus*; l'homme charmant dans son langage par la distinction et l'aménité de sa conversation : *et eloquio decorum*: et nous verrons bientôt comment, depuis l'enfance jusqu'à la vieillesse, aux jours bons ou mauvais de sa laborieuse existence, il s'est constamment exercé dans toutes les vertus : *et qui a puero in virtutibus exercitatus sit*. Nous verrons comment, à Versailles et à Rouen, pendant et après son épiscopat, il n'a cessé d'élever vers le ciel ses mains pleines de mérites et de prier pour tout le peuple qui était actuellement ou avait été précédemment confié à sa sollicitude pastorale : *manus protendentem, orare pro omni populo Judæorum*.

Mais ne croyez pas, M. F., que cette noble et pacifique

figure n'ait eu, dans les desseins de la Providence, d'autre destinée que la destinée vulgaire et vaine de charmer les regards, de conquérir les sympathies, d'exciter l'admiration. Comme jadis la douce figure du grand-prêtre Onias soutenait la valeur du grand capitaine Judas Machabée, et en rassurant ses soldats lui préparait la victoire : ainsi, de nos jours et sous nos yeux, la mémoire bénie du saint pontife qui représentait parmi vous *le Prince de la Paix*, et la confiance que sa protection vous inspire, animent le courage et ne seront peut-être pas étrangères aux succès du pontife éminent qui, dans cette chaire et du haut d'une autre tribune, représente avec une gloire incomparable *le lion vainqueur de la tribu de Juda.*

En se présentant au monde sous le double symbole du lion et de l'agneau, le divin modèle des pasteurs a voulu sans doute nous apprendre, M. F., que ses ministres doivent être en même temps, suivant les circonstances et les nécessités de son Église, des hommes de lutte et des hommes de paix. Ces deux caractères, en apparence inconciliables, sont effectivement le surnaturel apanage de tout évêque fidèle à ses devoirs; mais il est rare que le même homme s'en trouve également investi. Au sein de notre cénacle, la sagesse divine prédestine, selon son libre choix, celui-ci principalement à la lutte, celui-là principalement à la paix, et de la paix ou de la lutte résultent pareillement la gloire de Dieu et le

salut des âmes. Heureux cependant, M. F., bienheu-
reux les pacifiques, car la terre, aussi bien que le ciel,
leur décerne ses suffrages, et ce sont eux qui sont appelés
par excellence les enfants de Dieu : *Beati pacifici,
quoniam filii Dei vocabuntur.* Voilà ce que nous enseigne
du fond de ce cercueil, ou plutôt du haut des cieux,
L'ILLUSTRISSIME ET RÉVÉRENDISSIME PÈRE EN DIEU,
MONSEIGNEUR LOUIS-MARIE-EDMOND BLANQUART DE
BAILLEUL, CHANOINE DE PREMIER ORDRE DU CHAPITRE
IMPÉRIAL DE SAINT-DENIS, ANCIEN ÉVÊQUE DE VERSAILLES,
ANCIEN ARCHEVÊQUE DE ROUEN ET PRIMAT DE NOR-
MANDIE.

I.

Ce monde, dans l'ordre moral, est incessamment
travaillé par trois grandes passions que l'apôtre saint
Jean appelle *la concupiscence de la chair, la concupiscence
des yeux et l'orgueil de la vie.* En d'autres termes, M. F.,
nous sommes tous sujets à la sensualité, à la cupidité, et
principalement à l'orgueil qui domine et tyrannise notre
existence entière. C'est là, depuis sa chute, le fond
même de notre pauvre humanité, et voilà pourquoi
« tout ce qui est dans le monde » : *Omne quod in mundo
est,* tient de près ou de loin à cette source viciée et en
absorbe plus ou moins les principes délétères.

Le mal qui nous éprouve est donc de tous les siècles. Mais, moins les temps sont chrétiens, plus ce mal se développe et prend sur la société un irrésistible empire, le christianisme étant seul de force à le contenir ou à le refouler. Il n'est pas besoin, M. F., d'aller en chercher des preuves au loin dans l'histoire du passé : le spectacle du présent nous en fournit assez visiblement la triste mais irrécusable démonstration. Que la triple concupiscence prenne chaque jour parmi nous un essor de plus en plus formidable, nul ne le contestera, car les plaintes sont sur ce point unanimes. Or, au sein de nos sociétés policées et dans ce siècle éclairé, quelle cause pourrez-vous assigner, je le demande, à un pareil débordement, si ce n'est la négligence des devoirs religieux devenue trop générale, et dans un trop grand nombre de cœurs, l'affaiblissement ou le naufrage même de la foi ?

Contre une décadence morale déjà si profonde, l'exemple est une arme plus efficace que la parole sainte elle-même. La parole n'est plus écoutée, mais l'exemple, quand surtout il vient de haut, frappe bon gré mal gré tous les regards, et saisit et ramène les cœurs droits. S'il en est ainsi, M. F., nous sera-t-il fort difficile de comprendre quelle fut, sur la terre, la mission providentielle de Mgr Blanquart de Bailleul ? N'a-t-il pas été manifestement suscité de Dieu pour réagir contre le torrent qui nous emporte, moins par la puissance de ses enseignements, quelque assidus et excellents qu'ils aient été, que par l'éclatante sainteté de ses exemples ?

Voyons, en effet, comment ce pieux évêque réagit d'abord contre l'orgueil, l'orgueil de notre époque qui affecte surtout ce triple caractère : l'insubordination, l'ambition, le faste.

L'insubordination ! Ah ! les princes et les magistrats qui sont placés à la tête de notre société et portent le lourd fardeau des fonctions publiques, les pères de famille, tous ceux qui exercent une autorité quelconque, savent, mieux que personne, quels en sont aujourd'hui les effrayants progrès. Ils seraient les premiers à nous dire jusqu'à quel point les hommes, petits ou grands, sont devenus difficiles à gouverner, si ce n'est ingouvernables.

Mgr de Bailleul se montre tout autre dès son enfance. Pieusement élevé par une mère vraiment chrétienne, il commence par se soumettre à Dieu. A l'âge de neuf ans, il se confesse pour la première fois avec une abondance de larmes que la candide piété de l'innocence peut seule expliquer. Il fait un peu plus tard sa première communion et reçoit le sacrement de Confirmation avec une admirable ferveur. Mais, ce qui est, M. F., beaucoup plus remarquable, c'est que sorti de l'enfance et devenu jeune homme, jeune homme du monde mêlé au monde le plus distingué et le plus élégant, il persévère sans affectation, mais aussi sans respect humain, dans toutes ses pratiques religieuses. Une telle persévérance, fort méritoire de nos jours, l'était bien davantage au commencement du siècle. Maintenant du moins, quelques arriérés mis de côté, on sait respecter les convictions sincères, et l'indifférence ou l'impiété même permet aisément aux vrais chrétiens de se montrer ce qu'ils sont. On ne le pardonnait alors à aucun homme jeune ou vieux, et simplement réciter son *Pater* ou faire le signe de la croix, nos anciens doivent s'en souvenir, devenait un acte de très-sérieux courage.

Ce courage n'abandonna jamais notre illustre défunt, tant qu'il resta dans la vie laïque, c'est-à-dire jusqu'à l'âge de vingt-six ans. Il était dès-lors cité dans la société comme un chrétien-modèle. Ai-je besoin d'ajouter que, devenu séminariste, prêtre, évêque, il ne se relâcha point? Son éminente piété, nous le savons tous, n'était ni moins remarquable ni moins renommée dans l'Église que dans le monde. C'est qu'au dedans comme au dehors du sanctuaire, elle était fortement soutenue et sans cesse ranimée par une régularité qui jamais ne se démentait, mais savait, dans le tourbillon des affaires, parmi les distractions des voyages, jusque sous le poids des plus cruelles souffrances, trouver temps et place pour tous les exercices qui sont l'aliment de la ferveur. Et qui ne sait dans nos églises de France, qui peut ignorer dans ce diocèse, par quelles œuvres merveilleuses de zèle et de charité une piété si parfaite se manifestait incessamment aux regards édifiés et reconnaissants des populations?

Qui est soumis à Dieu l'est aisément aux hommes et premièrement à ses parents. On se souvient encore dans la famille de Mgr Blanquart des traits charmants d'obéissance qui signalèrent son enfance et l'avaient rendu presque aussi cher aux serviteurs de la maison qu'à ses proches eux-mêmes. Ni la jeunesse, ni l'âge mûr, ni la dignité épiscopale, quand il y fut élevé, ne lui firent jamais perdre de vue ce grand commandement de Dieu actuellement si méconnu : *Tes père et mère honoreras*. Aussi, quand son père, devenu octogénaire, tombe en enfance, après avoir été l'un des esprits les plus distingués de son époque, n'hésite-t-il pas à le prendre près de lui à l'évêché de Versailles, et sans que rien puisse jamais, en fatiguant sa patience, déconcerter sa tendresse, il lui prodigue chaque jour, quatre années durant, les soins les plus tendres comme les plus respectueux.

Ce père savait, il est vrai, respecter à son tour dans son fils la sainteté du caractère dont il était revêtu. On terminait dans la cathédrale de Versailles la cérémonie du sacre de Mgr de Bailleul. Soudain un vieillard se dégage de la foule et se prosterne, les deux genoux en terre, devant le nouvel évêque. C'était le père qui venait humblement, en présence de tout le peuple, demander au fils sa bénédiction.

O mœurs saintes de la famille chrétienne, vous seules pouvez faire germer et mûrir au cœur des pères et des fils, avec le plus sincère et le plus ardent amour, ce mutuel respect ! Vieilles mœurs des aïeux, que vous êtes gracieuses et douces dans votre austérité, et dans votre simplicité, nobles et sublimes! Mais, hélas! que devenez-vous, où allez-vous, et si Dieu n'y met la main, qui donc vous sauvera?

Il est, M. F., au siècle et dans le pays où nous vivons, une sorte d'obéissance beaucoup plus difficile pour un évêque que l'obéissance filiale, c'est la soumission à la puissance publique. La situation souvent précaire faite par nos révolutions aux dépositaires du pouvoir n'est pas ce qui nous embarrasse le plus. Mais la vraie source de nos difficultés provient d'abord des idées absolues et contradictoires que nous rencontrons dans les différents partis politiques, et ensuite de la prétention que caressent presque toujours ces partis de nous inoculer bon gré mal gré leurs passions, de mêler leurs intérêts aux nôtres, et ce qui aurait au moins l'inconvénient de nous diminuer à l'excès, de faire tout simplement de nous leurs porte-bannière.

Trois régimes politiques des plus dissemblables se sont succédé, autrement que par droit de naissance, sous l'épiscopat de Mgr de Bailleul. Il n'a donc pas ignoré les difficultés que nous venons d'indiquer ; mais, grâce à sa prudence et à sa loyauté, jamais évêque n'en est plus heureusement sorti. Il a su vivre constamment en paix avec tous les partis et en bonne harmonie avec tous les gouvernements, parce qu'il ne se mêla jamais à aucun parti, et qu'à aucun gouvernement, constitué et fonctionnant, il ne refusa sa soumission.

Si cette conduite paraissait extraordinaire et même équivoque à certains esprits chagrins ou trop absolus, saint Paul se chargerait lui-même, M. F., de l'expliquer et de la justifier. Il n'est point d'évêque qui ne soit obligé de reconnaître avec ce grand apôtre qu'il est redevable aux Grecs et aux barbares, aux fous comme aux sages, de son ministère : *Græcis ac barbaris, sapientibus et insipientibus debitor sum.* Il en résulte qu'en rien ni pour rien il ne nous est permis d'offenser personne : *Nemini dantes ullam offensionem.* Mais comment y réussir de nos jours, si l'on ne s'élève au-dessus des partis ? Et voyez, d'un autre côté, avec quelle netteté et quelle précision le même apôtre recommande à tous les hommes sans exception l'obéissance à tous les pouvoirs quelconques, du moment qu'ils ont bien réellement la puissance en main, qu'ils sont vraiment le Pouvoir : « Que toute âme, dit-il, se soumette aux pouvoirs souverains » : *Omnis anima potestatibus sublimioribus subdita sit.* « Car il n'est point de pouvoir qui ne vienne de Dieu, et ceux qui existent doivent leur existence aux desseins de Dieu » : *Non est enim potestas nisi a Deo : quæ autem sunt a Deo ordinatæ sunt.* « C'est pourquoi, résister au pouvoir, c'est résister à l'ordre établi par Dieu, et y résister, c'est se damner » : *Itaque qui resistit potestati, Dei ordinationi resistit. Qui autem resistunt, ipsi sibi damnationem acquirunt.* « Il est donc nécessaire de vous soumettre, ajoute enfin l'apôtre, non-seulement par contrainte, mais encore par conscience » : *Ideo necessitate subditi estote, non solum propter iram, sed propter conscientiam.*

Les passions politiques ont souvent, à notre époque, obscurci ou dénaturé ces principes; mais, pour être contestés, même par des gens de bien, ils n'en sont pas moins solides, et c'est parce que Mgr de Bailleul en était profondément convaincu qu'il y a toujours conformé sa conduite. Rien de servile, du reste, dans la soumission loyale de ce noble prélat. Il fut très-recherché par la cour, lorsqu'il était évêque de Versailles et qu'il avait Saint-Cloud dans son diocèse. On l'y vit rarement. Il n'y paraissait jamais sans y être rigoureusement appelé par quelque devoir à remplir, et la crainte de déplaire à une reine qui lui témoignait la plus flatteuse confiance ne l'empêcha pas de soutenir hautement, comme les autres évêques de France et avec autant de vigueur qu'aucun d'eux, une cause fort peu sympathique à la couronne, la grande cause de la liberté d'enseignement que réclamaient au même degré les intérêts de l'Église et ceux de la patrie. Du superbe qui se targue d'indépendance il n'est généralement pas très-

difficile de faire un courtisan ; mais il est beaucoup
moins facile d'avoir raison contre le bien, le droit
ou l'honneur de l'homme vraiment humble qui sait
obéir pour Dieu. Cet homme-là est toujours prêt à
dire, s'il le faut, à n'importe quelle Majesté : *Tu es ille
vir*, et à n'importe quelle puissance : *Obedire oportet
Deo magis quam hominibus :* « Mieux vaut obéir à Dieu
qu'aux hommes. »

Soumis au pouvoir temporel, Mgr de Bailleul l'était,
à plus forte raison, au pouvoir spirituel. Prêtre, il
obéissait à son évêque comme un enfant à son père ;
évêque, il obéissait au Pape avec le même empressement
et le même amour. Il eut, au moins une fois dans sa vie,
l'occasion de le faire avec une bien méritoire abnégation.
Sur une question considérable, dans laquelle lui semblaient engagés les intérêts de son diocèse, il différait
d'opinion avec le Souverain Pontife, et jusqu'à ce que
la question fût jugée, il en avait bien le droit, car le
champ des opinions libres est plus large dans l'Église
que généralement on ne le pense. Mais à peine le Saint-
Siège s'est-il prononcé que, sans hésitation, sans arrière-
pensée, quoi qu'il lui en coûte, aussitôt il se soumet. Je
ne sais pas si, depuis l'admirable et fameuse soumission
de Fénelon, il en fut jamais de plus sincère, de plus
entière et de plus édifiante. Pie VII l'avait jadis béni,
lorsqu'il sortait à peine du berceau ; à notre prière,
Pie IX daigna lui donner sa dernière bénédiction, lors-

qu'il s'acheminait vers la tombe. C'était justice : entre ces deux termes, il fut constamment l'un des fils les plus soumis de la sainte Église romaine.

Était-il possible, M. F., de réagir d'une manière plus complète et en même temps moins irritante contre l'insubordination, ce premier caractère de l'orgueil moderne? Nous allons voir maintenant quels autres exemples Mgr de Bailleul oppose à l'ambition.

L'ambition, c'est la passion de parvenir. Pour juger de l'ardeur et de la généralité de cette passion à l'heure présente, il suffit de jeter un instant ses regards sur les diverses avenues qui peuvent mener aux honneurs ou au pouvoir, et de considérer avec quelle frénésie, avec quel pêle-mêle, s'efforcent d'en gravir les pentes escarpées, s'y pressent, s'y coudoient, s'y renversent et s'y blessent des hommes de tout âge, de toute origine et de toute valeur. On croirait assister à cette entreprise insensée des anges rebelles qui, voulant escalader le trône du Très-Haut, n'avaient au cœur qu'une pensée et qu'un mot sur les lèvres, le mot et la pensée de Lucifer : *Ascendam* : « Je monterai! »

Ne monte pas qui veut, M. F.; mais rien ne favorise le mouvement d'ascension comme le talent et ce qu'on appelait autrefois la naissance, ce que nous appellerons, en langage moins aristocratique, l'influence de la famille. Ces deux éléments de succès, quand ils se réunissent sur une même tête, conduisent habituellement, avec

une rapidité relative et sans de trop pénibles efforts,
jusque dans les sphères les plus élevées.

A son entrée dans le monde, Mgr de Bailleul était
précédé de ce double avantage. Il appartenait à une
famille considérable, et il avait pour père l'homme le
plus marquant de cette famille, un magistrat fort distingué qui fut, sous le premier Empire, membre et
questeur du Corps législatif, sous la Restauration, vice-
président de la Chambre des députés, et qui mourut
premier président honoraire d'une cour royale. D'un
autre côté, les talents du jeune homme n'étaient pas
médiocres. On s'étonnera peut-être de cette assertion,
car c'étaient des talents confiés à une modestie qui pre-
nait plus de peine pour les laisser dans l'ombre que la
vanité ne se serait donné de soins pour les produire. Mais
ce qu'il y a de certain, c'est que, dès l'enfance, le futur
archevêque annonçait de si heureuses dispositions que
l'un des quarante de l'Académie française, qui le connaissait et s'y connaissait, se plaisait à le surnommer
Polliceor, « je promets, » et que bientôt après le petit pro-
metteur tenait. De fort bonne heure, il subissait avec un
succès peu commun ses examens de lettres et de droit.
il obtenait son inscription au tableau des avocats de la
cour royale de Paris, et il donnait beaucoup d'autres
preuves non équivoques d'un esprit solide, aussi distingué que cultivé, qui aurait pu facilement passer pour
brillant, si une certaine timidité naturelle, jointe à une

extrême modestie, n'en avait trop habituellement voilé l'éclat.

Au début de sa carrière, Mgr de Bailleul pouvait donc prétendre à tout et tout espérer. Les horizons les plus étendus, les plus séduisantes perspectives se déroulaient sous ses yeux, et la vie s'annonçait pour lui pleine de promesses. Mais ce qui eût enivré la plupart des hommes fit sans doute peu d'impression sur son cœur, car nous le voyons soudain, à l'âge de vingt-six ans, s'éloigner d'un monde qu'il n'avait encore connu que sous ses aspects enchanteurs, et entrer résolûment au séminaire. Ce pieux asile allait, il est vrai, lui ouvrir les portes des premières dignités ecclésiastiques, et, dans les desseins de la Providence, il devait y être rapidement élevé. Ne croyez pas toutefois, M. F., que l'ombre même d'une pensée ambitieuse entrât pour quoi que ce soit dans les motifs qui le déterminèrent à prendre la route du sanctuaire. Son âme était dès-lors si étrangère à toute préoccupation de cette nature qu'à peine promu au sacerdoce il essayait d'entrer dans une congrégation religieuse, où il n'aurait certainement trouvé d'autre avenir que celui des labeurs de la terre et des récompenses du ciel. Heureusement pour l'Église qu'un homme qui fut toujours pour lui plus qu'un ami, qu'il vénérait comme un père, et dans la direction duquel il avait une confiance absolue, Mgr Borderies, fut nommé sur ces entrefaites à l'évêché de Versailles. Il y suit cet illustre prélat, qui le fait d'abord son secrétaire et bientôt après son vicaire général.

Deux ou trois ans plus tard, il est appelé par le roi Charles X au siége épiscopal de Beauvais. Pressé par ses amis et surtout par son évêque, craignant de manquer par un refus à la volonté de Dieu, il accepte, non sans peine, cette nomination. Mais la révolution de juillet éclatant à quelques jours de là, c'est à ses yeux une excellente occasion de revenir sur un consentement qui lui pesait ; il se hâte d'envoyer sa démission au nouveau gouvernement. Par cet acte, qui pouvait paraître hostile, il espérait écarter de lui à tout jamais l'honneur et le fardeau de l'épiscopat. Il se trompait. Deux ans sont à peine écoulés que survient une nouvelle nomination pour l'évêché même de Versailles, vacant par la mort du pieux prélat qui l'y avait conduit. Le doigt de Dieu se montre cette fois si manifeste qu'il n'ose plus refuser. Seulement, il se promet bien de ne jamais aller plus loin ni monter plus haut. Vaine espérance ! Plus il fuit les grandeurs de l'Église, plus ces grandeurs s'acharnent à sa poursuite. Nous ne croyons pas nous tromper en avançant que deux siéges métropolitains lui furent offerts avant le siége de Rouen. Malgré toutes les instances et toutes les influences, il les refusa. On lui propose enfin la succession du cardinal prince de Croy.

Je vous l'avouerai ingénûment, M. F., s'il est en France une église qui puisse tenter un évêque, c'est bien cette noble et grande église de Rouen. Quel clergé que ce nombreux clergé, si remarquable par sa régularité, son zèle et son bon esprit! Quel excellent peuple que le peuple de Normandie, peuple laborieux et sage, encore croyant et même pratiquant! Et, pour les œuvres, pour le bien, que de ressources de toute nature dans ce vaste et opulent diocèse! Malgré tous ces avantages et peut-être même à cause de ces avantages, l'humble évêque de Versailles ne voulait point de Rouen, et pour le lui faire accepter, il fallut en quelque sorte, de par Dieu et de par sa conscience, lui forcer la main. Mais devenu votre archevêque, il s'attache bientôt et sans peine à sa nouvelle église; il l'aime certainement autant qu'il avait aimé la première. Il s'en séparera cependant avec moins d'efforts, parce qu'alors il ne s'agira plus de monter, mais de descendre. Sous le poids de ses infirmités, si graves qu'elles fussent, il pouvait encore garder son siège, le garder jusqu'à la mort, en s'adjoignant un auxiliaire ou un coadjuteur. Son amour pour vous, M. F., le lui conseillait sans doute, mais son humilité l'en dissuadait, et en définitive, c'est cette dernière vertu qui l'a emporté. Il lui a été plus doux de rentrer dans l'obscurité de la vie privée qu'il n'est agréable à la plupart des hommes d'en sortir.

N'est-ce pas encore là, M. F., une belle et touchante protestation contre l'ambition qui nous dévore? Réaction donc contre l'ambition, après la réaction contre l'insubordination. Il ne reste plus à présent que la réaction contre le faste. Nous ne vous en dirons que peu de mots.

Il est notoire que le faste ou le luxe a pris parmi nous des proportions excessives que ne connaissaient pas, même dans l'opulence, la simplicité et le bon goût de nos pères. Luxe des vêtements, luxe des appartements, luxe de table, nous avons aujourd'hui tous les luxes, et cette plaie béante saigne ou suppure à tous les degrés de l'échelle sociale. Nos économistes appellent fortune publique les folles dépenses qui alimentent temporairement ce luxe universel ; mais, au jugement des gens sensés, c'est simplement la misère privée, en attendant la misère publique.

Quoi qu'il en soit, M. F., personne ne donna moins dans un pareil travers que votre ancien archevêque. Il était toujours très-décent et très-digne, vous le savez, sur sa personne et dans sa maison ; mais on peut dire que tout ce qui sentait le luxe lui inspirait une véritable horreur. Dans les palais épiscopaux qu'il a habités, les moindres appartements étaient ceux qu'il recherchait de préférence pour son usage personnel, et la maison dans laquelle il a fini ses jours, maison de son choix, nous révèle mieux encore la simplicité de ses goûts. C'était une si petite maison, avec un mobilier si chétif, qu'elle paraissait à peine convenable pour sa haute condition. Mais il ne voulait rien de plus. Comme on l'engageait un jour à remplacer au moins par des rideaux de soie les pauvres rideaux de coton qui pendaient aux fenêtres de son salon, il répondit avec une sorte de vivacité qui ne lui était pas ordinaire : *Mon ami, je déteste cela !* Voilà un mot qui dit tout.

C'est ainsi, M. T. C. F., que ce saint évêque combattait incessamment par ses exemples l'orgueil contemporain dans ses trois caractères les plus choquants. qui sont bien, comme nous l'avons dit. l'insubordination, l'ambition, le faste. La cupidité moderne ne trouvait pas dans son désintéressement une moindre contradiction.

La cupidité, M. F., a deux objectifs qu'elle ne perd jamais de vue : prendre et garder, acquérir et retenir. Mais ce qui caractérise par-dessus tout la cupidité de notre époque. c'est la passion d'acquérir montée à un incroyable paroxysme. Viser à une fortune impossible et prétendre la faire en quelque sorte du jour au lendemain. au risque de devenir plus vite encore le triste héros de quelque déplorable catastrophe. telle est actuellement la folie, car c'est le mot. d'un trop grand nombre de nos frères. Cette folie s'explique assez. du reste, par les nécessités du luxe effréné contre lequel nous nous élevions, il n'y a qu'un instant. Elle en est la conséquence logique.

En mourant, Mgr de Bailleul rend à sa famille le patrimoine qu'il en a reçu, et l'on peut dire que c'est

justice, le bien que nous tenons de nos pères devant
être naturellement considéré comme l'héritage de tous
leurs descendants. Mais ai-je besoin de vous démontrer,
M. F., qu'un si saint personnage ne chercha jamais à
augmenter son avoir et s'inquiétait à peine de le garder?
Il suffit de citer un seul fait pour vous faire comprendre
jusqu'à point il portait le désintéressement. Quand il se
démit de ce grand siége de Rouen, il se préoccupait si
peu de ses futurs moyens d'existence qu'il ne songea
même pas à réclamer, quoiqu'il y eût droit et qu'il en
eût besoin, un canonicat de Saint-Denis. Il fallut que
son éminent successeur, qui n'oublie personne et songe
à tout, le demandât pour lui. On n'a jamais mieux compris, jamais plus grandement pratiqué cette belle parole
de Notre Seigneur : *Melius est dare quam accipere :*
« Mieux vaut donner que recevoir. » Il donnait, donnait toujours, donnait souvent des deux mains. Derniè-
rement encore, à Versailles, le curé de sa paroisse vient
lui recommander ses pauvres : il lui donne un billet de
mille francs. Dans la même journée, la sœur de charité
du quartier, ignorant cette démarche, lui adresse une
semblable requête : il lui donne un autre billet de mille
francs. C'était probablement toute sa fortune du moment, et les deux quêteurs étaient bien tombés, car on
le surprenait rarement aussi riche.

C'est assez, M. F., c'est trop. Ah! cette pieuse multi-
tude que j'ai vue samedi soir se porter, à mon arrivée,

au-devant des restes, j'allais dire des reliques de
son ancien pasteur ; ces pauvres qui spontanément
escortaient, tête nue et l'œil humide, son char funèbre, tous les malheureux de cette bonne ville de
Rouen, sont et seront toujours des prédicateurs bien
autrement éloquents de son désintéressement et de sa
charité !

Je n'ai plus qu'à vous entretenir, M. T. C. F., de la
réaction que Mgr de Bailleul exerça contre la sensualité
par son esprit de mortification ; mais je crains, vous
l'avouerai-je, de n'être pas compris. Si le monde com-
prend encore qu'il peut être bon de combattre les débor-
dements excessifs de la cupidité et de l'orgueil par le
désintéressement et l'obéissance, par le mépris de l'ambition et du luxe, admettra-t-il aussi facilement qu'il soit
utile et à plus forte raison nécessaire de se mortifier ? La
chair est devenue de nos jours une espèce d'idole, une
sorte de divinité. On ne se contente plus de la soigner
outre mesure, on l'exalte comme elle ne l'avait jamais
été depuis les siècles chrétiens, et en théorie, comme en
pratique, on la flatte, on la choye, on la préconise, on
l'adore. Comment espérer après cela de faire pénétrer
dans les âmes l'austère vérité de cette grande parole de
saint Paul : *Qui autem sunt Christi, carnem suam
crucifixerunt* : « Tous ceux qui sont à Jésus-Christ
crucifient leur chair. »

Essayons toutefois. Nous citerons simplement les

faits, et nous prierons Dieu d'agir directement sur les cœurs.

Toute sa vie, M. F., Mgr de Bailleul s'est montré un homme sobre, austère, mortifié. A l'époque où il était évêque de Versailles, nous en avons été personnellement le témoin, et c'était pour nous, comme pour tous ceux qui avaient l'honneur de l'approcher, un grand sujet d'édification. Mais, sous le manteau de son humilité, il savait si bien donner à sa vie les apparences de la vie commune, que personne ne savait ou ne soupçonnait même alors ce qui vient de nous être révélé. Pourquoi ne le dirions-nous pas sur cette tombe entr'ouverte? Nous n'avons plus à craindre de faire souffrir l'humilité du saint évêque, et sa modestie ne pourra plus en rougir. Après sa mort, on a trouvé en sa secrète possession des instruments de pénitence, chaînes, cilice et le reste, qui prouvent que les pratiques les plus sévères de la mortification chrétienne ne lui étaient pas étrangères, et que long-temps sa chair innocente en avait subi les rigueurs. Ce fut sans doute dans le dessein miséricordieux de donner pleine satisfaction à un si vif attrait pour la pénitence que Dieu lui envoya la terrible infirmité qui, après l'avoir déjà fort éprouvé dans les derniers temps de son séjour à Rouen, le réduisit, pendant les dix dernières années de sa vie, à un état continuel et vraiment inouï de souffrances physiques et morales. Pour s'en faire une idée, il faut l'avoir vu, dans sa pauvre maison

de Versailles, tremblant nuit et jour de tous ses mem-
bres, ne pouvant plus ni lire, ni écrire, ni marcher, ni
manger seul ; obligé de renoncer à toute distraction
comme à tout travail, et, ce qui lui était beaucoup plus
pénible, privé de la récitation du bréviaire et de la célé-
bration de la sainte messe. Cependant ce spectacle même
ne révélait pas encore toutes ses douleurs. L'isolement
presque absolu auquel il se trouvait condamné, la mort
de ses meilleurs amis qui s'en allaient les uns après les
autres avec une rapidité désolante, des chagrins d'une
autre nature qui n'étaient pas moins cuisants, et, nous
avons lieu de le croire, quelques-unes de ces grandes
peines intérieures qui sont le glorieux partage des saints,
tout ce qui peut torturer et briser un pauvre cœur
humain, tout ce qu'il y a de plus crucifiant sur la terre,
complétait et couronnait son martyre. Qui le sait mieux
que nous ? On ne pouvait le visiter, on ne pouvait approcher de ce pauvre siége de paille qu'il avait choisi pour
son lit de douleur, sans se sentir ému jusqu'aux larmes,
et on ne le quittait jamais qu'avec un cœur navré et
accablé d'une profonde tristesse. Lui cependant, semblable à Job par la patience, comme il l'était par
l'épreuve, il ne laissait jamais échapper une plainte,
jamais un soupir ; il montrait plutôt une agréable
humeur, il avait toujours la parole aimable, et quelquefois même, dans le mouvement de ses lèvres tremblantes,
on distinguait encore un sourire. C'était le sourire de

saint André, lorsqu'il embrassait amoureusement sa croix et s'écriait avec transport : *O bona crux !* « O bonne croix ! »

II.

Je me demande maintenant, M. F., comment un homme si dur à lui-même et si éloigné de l'esprit du monde, un homme qui, par tous ses actes, disait aux gens du monde avec saint Paul : « Tout ce qui est profit à vos yeux est perte aux miens : » *Existimo omnia detrimentum esse,* « et tout ce que vous recherchez avec passion comme la perle des biens, moi je le regarde comme de la poussière et moins que de la poussière : » *Et arbitror ut stercora;* je me demande comment un tel homme a pu néanmoins plaire au monde, car il est certain que le monde, non-seulement l'estimait et le vénérait, mais l'aimait. Notre Seigneur lui-même n'a-t-il pas dit à ses apôtres : « Si vous étiez du monde, le monde vous aimerait comme étant à lui ; mais c'est parce que vous n'êtes pas du monde que le monde vous hait : » *Propterea odit vos mundus?* Par quelle mystérieuse influence Mgr de Bailleul s'était-il donc gagné tous les cœurs ?

C'était sans doute, M. F., par l'influence de deux vertus aimables qui font aisément pardonner les vertus les plus austères. Je veux parler de sa modestie et de sa bonté.

Sa modestie! Par ce mot, M. F., on entend le plus souvent, dans le langage ordinaire, le simple et candide épanouissement de l'humilité, ce que nous appellerions volontiers la robe virginale de cette belle vertu. Donnez-moi un homme vraiment humble et en qui l'on ne remarquera par conséquent ni prétention ni vanité d'aucune sorte, il n'y aura qu'une voix pour le proclamer un homme modeste. Mais le terme lui-même signifie ce qu'en langage moderne nous nommons plutôt mesure ou modération. Aussi saint Bernard en donne-t-il la définition suivante : *Modestia est modus vitæ in omni verbo et opere* : « La modestie, c'est la mesure à garder pendant cette vie en toute parole et en toute action. »

Que nous adoptions, M. F., l'un ou l'autre de ces deux sens, il sera également vrai de dire que Mgr de Bailleul fut un homme d'une rare modestie. Il ne se glorifia jamais de rien, lui, qui fut pourtant si riche de titres de gloire; lui, dont le front rayonnait à tous les regards, les siens exceptés, des plus flatteuses distinctions; lui, qui aurait pu si facilement découvrir au sommet de son esprit ou au fond de son cœur tant de motifs d'amour-propre et de vaine complaisance. S'effacer, autant qu'il le pouvait, devant les hommes, et s'oublier entièrement devant lui-même, telles semblaient être son unique préoccupation et sa plus constante sollicitude. Vous savez, d'un autre côté, M. F., quelle juste et sage mesure il savait garder dans ses actes, et, ce qui n'appartient qu'à l'homme parfait, de quelle circonspection il entourait toutes ses paroles. En particulier comme en public, vis-à-vis de ses intimes ou des étrangers, jamais une parole indiscrète ou imprudente, jamais un mot contraire à la vérité ou à la charité ne s'échappait de ses lèvres. Soit qu'il agît, soit qu'il parlât, il avait le rare talent et la vertu non moins rare de ne point excéder.

« Rien, a dit un pieux et savant cardinal, ne rend un homme plus gracieux que la modestie : » *Nihil magis gratiosum reddit hominem quam modestia.* C'est incontestable. Cependant, M. F., quelque chose peut-être rendait Mgr de Bailleul plus gracieux encore, c'était sa bonté.

Le monde n'estime pas toujours la bonté à sa juste valeur ; il se permet même quelquefois de la tourner en ridicule. Cependant, M. F., au ciel aussi bien que sur la terre, rien n'est comparable à la bonté. Comme il ne peut y avoir en Dieu d'infériorité, tous ses attributs sont égaux ; mais, à en juger par les manifestations de son amour, on dirait que sa bonté occupe le premier rang. C'est ce qui fait que le peuple, dont le langage est souvent aussi profond que simple, ne l'appelle point autrement que le bon Dieu. Oui, Dieu, c'est la bonté par

excellence, et comme Notre Seigneur nous le fait obser-
ver dans l'évangile, c'est même la bonté unique. « Il n'y
a que Dieu qui soit bon : » *Nemo bonus, nisi solus Deus.*
Toutefois, si lui seul est bon par nature, d'autres le sont
par grâce, et de ce nombre était bien votre ancien archevêque.

Il était bon pour son entourage, bon pour ses prêtres,
bon pour ses diocésains, bon pour sa famille, bon pour
ses amis, bon surtout, nous ne dirons pas pour ses en-
nemis, car il n'en eut jamais, mais pour ceux qui,
volontairement ou involontairement, lui avaient fait de
la peine ; il était bon pour tous les hommes. Les indis-
crets, les importuns, les solliciteurs, ces ennuyeux de
toute description qui obsèdent incessamment la porte des
grands et les fatiguent sans miséricorde, ceux-là même
n'étaient pas capables de déconcerter sa bonté. Elle ne
souffrait pas davantage de ses travaux, de ses chagrins,
de ses souffrances, de ses longues et irritantes infirmités.
C'était la bonté même.

Cette infatigable et inépuisable bonté ne nuisait pas
cependant à sa fermeté. Il savait, quand c'était nécessaire, refuser, reprendre et corriger. Mais plus il se
sentait obligé de se montrer sévère, plus il avait à cœur
de témoigner sa paternelle bienveillance. « Quand vous
ne pourrez vous dispenser d'écrire une lettre pénible,
disait-il un jour à l'un de ses vicaires généraux, n'ou-
bliez jamais de la terminer par quelques bonnes paroles.

Un peu de baume sur une plaie ne gâte jamais rien. »
En cet homme de Dieu, ce qui reprenait toujours le
dessus, c'était la bonté.

Voilà pourquoi, M. F., il a trouvé dans ses vicaires
généraux, dans le pieux secrétaire que Dieu lui avait
donné pour ange consolateur, et jusque dans les plus
humbles serviteurs de sa maison, un dévouement et un
amour qui ne se démentent point aujourd'hui et le
suivront bien au-delà du tombeau. Voilà pourquoi,
malgré une si longue séparation, ses prêtres de Versailles et
de Rouen lui sont restés profondément attachés et, avec
un empressement incomparable, sont accourus de tous
les points de ces deux diocèses pour lui rendre les
derniers devoirs. Voilà pourquoi vous l'aimiez tant
vous-mêmes, M. T. C. F. ; pourquoi dans cette grande
ville, dans toutes les paroisses de cet immense diocèse, et
jusque dans les villes épiscopales de la province, partout
où il a paru comme pasteur, partout où il a porté ses
pas, tous les cœurs lui appartiennent encore. Le peuple
qui dit *le bon Dieu*, le canonisant à sa manière, dit aussi,
en parlant de lui, *le bon monseigneur Blanquart*, et il ne
dit point autrement. Cette glorieuse épithète, il ne la
perdra pas. Si tous ses autres titres descendent avec lui
dans la tombe, celui-ci du moins lui restera. La généra-
tion présente le transmettra en son honneur aux géné-
rations à venir, et il vivra jusqu'à la fin des temps.

Ne vous en étonnez point, M. F., ce bon et saint

évêque était aux yeux de nos populations comme une apparition vivante de la bonté et de la charité de notre divin Sauveur lui-même : *Benignitas et humanitas apparuit Salvatoris nostri Dei.* Il avait si bien revêtu, selon le conseil de l'Apôtre, la personne de Notre Seigneur Jésus-Christ, qu'à son aspect vénérable on était tenté de se demander si tel ne devait pas se montrer en réalité le Fils de Dieu, quand il conversait parmi les hommes et passait en faisant le bien. Ah! pourquoi faut-il, M. T. C. F., que mon insuffisance ne m'ait pas permis de vous reproduire d'une si douce et si grande figure une plus fidèle image! On dirait qu'en inspirant à Son Éminence de m'inviter à faire l'éloge funèbre de votre ancien archevêque, Dieu a voulu respecter jusqu'après sa mort cette admirable modestie qui fut sur la terre et sera éternellement dans le ciel sa plus belle auréole. Mais s'il disparaît de ce monde comme il y a vécu, sans éclat et sans bruit, sa gloire, même ici-bas, n'en sera pas moins durable. L'homme de Dieu qui sanctifie ses frères, en se sanctifiant lui-même, n'est point l'un de ces brillants météores qui s'éteignent, dès qu'ils ont un instant ébloui nos yeux : mais, dit l'Esprit-Saint, c'est une étoile fixe dont la douce et pure lumière est une lumière éternelle : *Et qui ad justitiam erudiunt multos, quasi stellæ in perpetuas æternitates.* Amen.

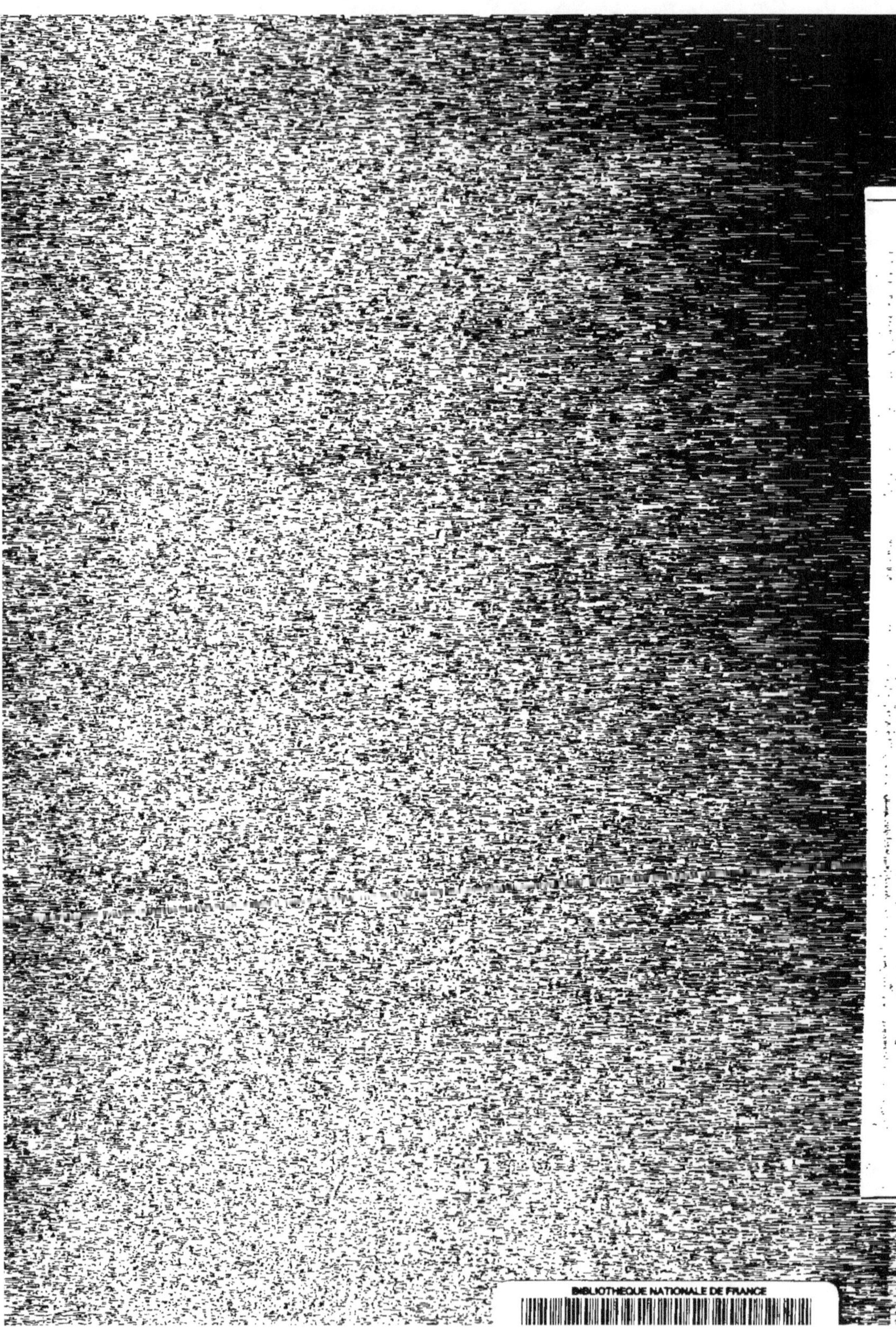